FEITIÇOS, MACUMBINHAS E MIRONGAS

Simpatias
Banhos
Orações
Defumações

Dados Internacionais de Catalogação na Publicação (CIP)
(Câmara Brasileira do Livro, SP, Brasil)

Shafyra, Assipu
Feitiços, macumbinhas e mirongas : simpatias,
banhos, orações, defumação / Assipu Shafyra. —
2ª edição. — São Paulo : Ícone, 2012.

ISBN 978-85-274-0929-2

1. Feitiços. 2. Magia. 3. Ocultismo. 4. Orações.
5. Simpatias. 6. Umbanda (Culto). I. Título.

07-1278   CDD-133.44

Índices para catálogo sistemático:

1. Feitiços e simpatias : Ocultismo 133.44
2. Simpatias e feitiços : Ocultismo 133.44

Assipu Shafyra

FEITIÇOS, MACUMBINHAS E MIRONGAS

Simpatias
Banhos
Orações
Defumações

2ª edição

© Copyright 2012
Ícone Editora Ltda.

Capa
Andréa Magalhães da Silva

Revisão
Rosa Maria Cury Cardoso

Diagramação
Nelson Mengue Surian

Proibida a reprodução total ou parcial desta obra,
de qualquer forma ou meio eletrônico, mecânico,
inclusive através de processos xerográficos,
sem permissão expressa do editor
(Lei n° 9.610/98).

ÍCONE EDITORA LTDA.
Rua Anhanguera, 56/66
CEP 01135-000 — São Paulo — SP
Tel./Fax.: (11) 3392-7771
www.iconeeditora.com.br
E-mail: iconevendas@iconeeditora.com.br

Sexta-feira enluarada
Bem na sua encruzilhada
Um feitiço novo eu vou botar!

Meu feitiço vai ser forte
Vai mudar a minha sorte
Vai fazer você pra mim voltar!

Carlos Imperial

Agradeço a preciosa
colaboração
da minha irmã Dalva,
grande amiga e
exímia taróloga.

ÍNDICE

INTRODUÇÃO 13

SIMPATIAS E MIRONGAS 19

Acalmar pessoas geniosas 19

Afastar maus fluídos 19

Alcoolismo 20

Anemia 21

Axilas (mau odor) 21

Bronquite 22

Cálculos renais (pedras nos rins) 22

Chamar dinheiro 23

Coluna (problemas) 23

Desagregação de cargas negativas na casa 23

Desemprego 25

Desenrolar situações complicadas 25

Desimpregnação de correntes negativas na casa 27

Digestão difícil 27

Enxaquecas (cura) 28

Evitar quebranto 28

Fartura 28

Gravidez 28

Íngua na virilha 29

Insônia de crianças 29

Limpeza energética 29

Más vibrações na casa 30

Mau olhado 30

Maus fluídos 31

Maus fluídos na casa 32

Moeda da sorte 32

Namorado que não quer assumir ... 33

Negócios complicados 33

Objetos perdidos 34

Perseguições 34

Perturbações durante o sono 34

Problemas com almas sofredoras ... 35

Problemas financeiros 36

Quebranto 36

Quebranto constante 37

Repulsão de cargas negativas da casa ... 38

Soluços 39

Talismã caseiro para atrair dinheiro 39

Vida atrapalhada 40

Vitalização 41

Xixi na cama 42

TRABALHO PARA CURA DE CRIANÇAS 43

O USO DAS VELAS 46

Velas utilizadas para o culto aos Orixás e Entidades 48

Não soprar as velas ao apagá-las 50

DEFUMAÇÕES 51

Defumação básica 52

Defumação polivalente 52

Defumação para harmonia e fartura 52

Principais ervas e resinas utilizadas na defumação 53

DESCARREGOS COM PÓLVORA 53

Roda de fogo 54

Bucha 55

BANHOS 58

Banho básico de descarga ou defesa 59

Banhos quebra-demanda 59

Amaci de Oxalá 60

Banho de Obaluaiê 61

Banho de proteção para pessoas que procuram emprego 61

Banho seco 62

Banho de sal grosso 62

Banhos específicos em função do signo zodiacal da pessoa 63

O QUE FAZER COM UM DESPACHO EM SUA PORTA? 66

PRECES E ORAÇÕES 68

Prece de Cáritas 68

Oração da serenidade 70

Oração ao Anjo da Guarda 70

Oração de São Francisco de Assis 71

Oração de São Bento 72

Oração de Santa Rita dos Impossíveis 73

Oração de São Jorge 74

Oração de Santo Onofre 74

Oração de São Raimundo (novena) para partos perigosos 76

Oração de São Pedro (orientação) 80

Oração Estrela do Céu 81

Oração com arruda contra mau olhado e quebranto 82

Oração com azeite e arruda contra mau olhado e quebranto ... 82

Oração forte (1) 84

Oração forte (2) 85

Oração da clarividência 86

Oração para dor de barriga 87

Oração para dor de cabeça 88

Oração para ajustar a coluna 88

Oração para entrar em qualquer lugar 88

Oração para sair de casa 89

Oração para viagem 89

Oração para menstruação demorada 89

Prece para defumar a casa 90

Prece para o banho 90

Novena para Yemanjá e Senhor do Bonfim 90

Súplica a Santo Antonio para desamarração 91

Prece para fazer antes de dormir 92

Prece para fazer ao levantar 92

Prece a São Lázaro para curar erupções cutâneas 92

Súplica a São Jorge 93

Oração dos sete Caboclos e da sete Caboclas 93

Oração de Santo Amanso 94

Oração para corte de demanda 95

Prece ao Dr. Bezerra de Menezes para pedir uma cura ... 95

Oração com Obi 96

Oração do Mar Sagrado 97

Oração para acalmar pessoas rebeldes 98

MACUMBINHAS E FEITIÇOS 99

Trabalho para afastar obsessores desencarnados 99

Trabalho para abrir caminhos 100

Trabalho para amansar a língua de faladores 104

Trabalho para corte de demanda 106

Trabalho contra perseguições 107

Trabalho atrativo do amor 109

Trabalho para cura de erupções cutâneas 111

INTRODUÇÃO

Desde tempos imemoriais o ser humano estabelece relações diversas com o sobrenatural. Muito antes de começarem a desenvolver a atividade designada hoje por Ciência, os homens familiarizaram-se com fenômenos naturais como vento, calor, frio, dia, noite etc. Começaram a utilizar ossos e pedras como instrumentos e gradativamente puseram-se a fabricá-los, adaptando-os à sua conveniência. Passaram, então, a moldar o mundo natural às suas necessidades. Olhavam o céu, e talvez por pressentirem nas estrelas o Sagrado, começaram a indagar sobre si mesmos. Observavam que as plantas e os animais, como eles, nasciam, cresciam, ficavam maduros, envelheciam e morriam. O universo povoara-se de deuses e a Terra, a Grande Mãe, tornara-se origem e berço da humanidade; estabelecera-se, portanto, o estreito parentesco entre a ordem cósmica e o ser humano.

A utilização do fogo talvez possa ser considerada o maior avanço técnico cultural realizado. Provavelmente algum hominídeo, observando o fogo nos incêndios das florestas, provocados por um raio vindo dos céus, passou a utilizá-lo como fonte de luz e calor – um presente dos deuses. Durante milhares de anos, o fogo só poderia ser explicado por sua origem divina. Aquele que guardava o fogo e não o deixava apagar, era o guardião do segredo do fogo e tinha um certo poder na comunidade. Depois, aquele que aprendeu a acender o fogo, e não contava o segredo para os outros, passou a ter mais poder. E assim sucessivamente, o saber não podia ser revelado, pois era poder perdido.

Com o passar do tempo, a Ciência passou a explicar os fenômenos naturais, porém para a maioria dos seres humanos, o senso comum era e, ainda é, uma forma de explicar a realidade. A Ciência desvinculou-se do senso comum e para ela só o que é possível comprovar experimentalmente tem validade. No final do século XIX e início do século XX, vários cientistas passaram a explicar a natureza e a estrutura da matéria: começou a era da Física Quântica.

Um dos maiores físicos de todos os tempos, o dinamarquês Niels Bohr, ganhador do Prêmio Nobel, e outros explicaram cientificamente a estrutura íntima da matéria. Um dia, Bohr recebeu em sua casa a visita de alguns desses cientistas brilhantes e um deles questionou Bohr: por que sendo ele um famoso cientista, colocava uma ferradura atrás da porta? Bohr respondeu: *mesmo que a gente não acredite, isso funciona!*

Muitos dos trabalhos, simpatias, mirongas e feitiços têm seu efeito mágico, independente de uma explicação científica. O que importa para quem recorre a uma simpatia é se ela funciona ou não. São ações milenares de eficiência comprovada. Não é objeto deste livro dar explicações científicas para os trabalhos propostos e, sim, dar alternativas para aqueles que não confiam apenas no plano material. Quantas vezes, depois de esgotados os recursos da medicina, os doentes recorrem aos bruxos, feiticeiros, médiuns, pais de santo etc.?

Este trabalho vem ajudar, em parte, aquelas pessoas que não podem freqüentar um templo de Umbanda, pelos motivos mais diversos. No entanto, lembramos aos leitores que, os casos mais graves não dispensam os passes e as consultas espirituais com as Entidades.

Pretendemos aqui ensinar os feitiços, mirongas, macumbinhas, orações que aprendemos ao longo da vida e que, comprovadamente, se mostraram eficientes na maioria das vezes. Em casos de doenças físicas, nenhum dos trabalhos propostos prescinde do tratamento médico. A associação dos dois processos tem se mostrado de grande valia na maioria das situações.

Lembramos ainda que, para surtir efeito, todo trabalho espiritual requer, antes de tudo, confiança no plano espiritual. Faz-se necessário abrir nossa mente para que as boas vibrações do Astral possam atuar nos nossos sete corpos.

A maioria dos trabalhos e orações propostos podem ser feitos por qualquer pessoa. No entanto gostaríamos de ressalvar que alguns dos trabalhos propostos no último capítulo, MACUMBINHAS E FEITIÇOS, devem ser feitos *preferencialmente* por médiuns preparados no interior dos terreiros.

Tenho certeza que muitos dirão que é uma ousadia revelar algo que é secreto. Para estes, perguntamos: as coisas precisam ser secretas para sempre? Manter práticas ritualísticas em segredo não é uma forma de alimentar a vaidade, manter e aumentar o poder?

Muitos estão velando algo que não conhecem, pois o verdadeiro conhecimento hermético da natureza, e não das coisas esotéricas, revelado pelos três Hermes, de há muito está perdido e não mais será recuperado. Velar fragmentos de fragmentos é uma perda de tempo. Quando um conhecimento é revelado, duas coisas podem acontecer: aqueles que têm olhos de ver e sentir irão fazer bom, ou mau, proveito desse conhecimento. Cada um deve prestar contas a sua consciência pelo uso devido ou indevido de um saber. Para outros o conhecimento revelado continuará a ser velado, pois ainda não tem capacidade para entendê-lo. Então, qual é o medo? Perder o poder de subjugar as mentes menos desenvolvidas e diminuir a influência do seu império?

É hora, estamos no terceiro milênio, de revelar o que tem de ser revelado mesmo que isso cause o incômodo de alguns.

SIMPATIAS E MIRONGAS

Acalmar pessoas geniosas

Esta simpatia deve ser realizada na lua minguante. Escrever o nome da pessoa geniosa em um papel e colocar dentro de um alguidar de barro pequeno. Colocar uma vela branca de sete dias sobre o papel. Rodear o alguidar com sal grosso. Acender a vela e oferecer para Iansã, fazendo o seguinte pedido:

Que sua espada sagrada faça minguar o gênio forte da pessoa (falar o nome). *Que as águas da chuva possam tranqüilizá-la, acalmando o seu gênio forte e apaziguando o lar.*

Quando terminar o trabalho, após a queima da vela, descarregar tudo em água corrente ou numa mata.

Afastar maus fluídos

Pegue três dentes de alho, um pouco de sal grosso e coloque num saquinho branco.

Reze um Credo, uma Salve-Rainha e ofereça para o Arcanjo Miguel.

Peça para livrá-lo de todo mal.

Trocar tudo uma vez por semana.

Alcoolismo

Para esta simpatia é necessário uma garrafa de aguardente com tampinha metálica.

Escrever o nome da pessoa viciada num papel, enrolar e colocar dentro da garrafa de aguardente, tampando-a depois.

Deixar a garrafa fora de casa: no quintal, na área de serviço etc. Fazer o seguinte pedido:

Que toda vontade de beber da pessoa (falar o nome) *mingüe através deste trabalho.*

Esta simpatia deve ser realizada três dias antes da lua minguante. Quando a lua mudar para a nova, pegar a garrafa e levá-la para uma mata. Fazer um trilho de terra, abrir a garrafa e despejar sete vezes andando para frente, pedindo ao *Povo do Caminho* que mingüe a vontade de beber da pessoa (falar o nome).

Na sétima vez despejar todo o conteúdo da garrafa, seguindo à frente (não voltar para trás) pelo mesmo caminho.

Outra simpatia pode ser feita da seguinte maneira:

Dar três nós num par de meias da pessoa viciada. Colocar as meias numa bacia e molhá-las com a bebida predileta da pessoa. Colocar a bacia no sereno.

Pela manhã, antes do raiar do sol, lavar as meias. A pessoa viciada deve usar as meias logo que possível.

Anemia

Pega-se uma colher de sopa de sementes de gergelim, lava-se e tritura-se.

Em seguida, mistura-se com a água (um copo).

Coa-se e mistura-se a parte líquida com uma colher de sopa de açúcar.

Tomar depois das principais refeições.

Axilas (mau odor)

Pegar uma colher de chá de bicarbonato de sódio e dissolver em um copo com água.

De manhã, após o banho, passar nas axilas.

Se você depilar as axilas, o efeito será muito melhor, pois os pêlos propiciam uma reprodução mais rápida de microorganismos que causam o mau odor.

Bronquite

Numa sexta-feira santa, pegar um fio de cabelo da pessoa com bronquite e colocá-lo num tronco de bananeira onde foi feito um corte prévio na altura do comprimento da pessoa.

Cálculos renais (pedras nos rins)

Amarrar um barbante na cintura durante sete dias.

Tomar chá de quebra-pedra durante os sete dias, duas vezes por dia.

Depois de sete dias amarrar o barbante em uma árvore.

Chamar dinheiro

Em um determinado momento, durante as doze primeiras horas da Lua Nova, segurar firmemente uma nota de dez reais em direção à posição onde se encontra o Sol naquele instante e, leia com bastante fé, o seguinte:

Lua Nova, Lua Nova, muitas vezes Crescente, quando passares por São Vicente, traga para mim milhares desta semente.

Coluna (problemas)

Colocar um pedaço de cana caiana, do tamanho da pessoa, embaixo do colchão.

Toda vez que ela secar, tira-se e queima-se.

Continuar até que a pessoa fique curada.

Desagregação de cargas negativas na casa

Numa tábua quadrada de 50 centímetros, riscar o seguinte ponto:

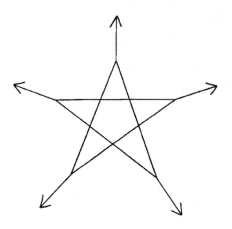

Figura 1

Num recipiente metálico fixar uma vela branca.

Colocar álcool até completar 2/3 da sua capacidade.

Acender a vela e pedir aos guardiões que desagreguem todas as cargas negativas presentes na residência (Figura 2).

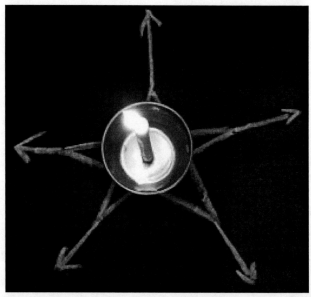

Figura 2

Quando terminar, limpar o ponto com um pano úmido e despachar os restos da vela em água corrente.

Desemprego

Inicialmente, fazer o seguinte banho:

Ferver água numa panela pequena e apagar o fogo.

Colocar sete folhas de pitanga.

Deixar esfriar.

Coar e jogar do pescoço para baixo.

Em seguida, fazer uma novena para a Corrente dos Baianos, acendendo uma vela branca todos os dias, pedindo para abrir os caminhos materiais.

Desenrolar situações complicadas

Pegar um coco maduro e retirar metade da água.

Acrescentar mel até encher o coco.

Fechar com uma rolha e oferecer para a Corrente dos Baianos na sua casa, iluminando o coco com uma vela branca de sete dias.

Todos os dias pedir para desenrolar a situação complicada.

Depois de sete dias levar tudo a uma mata e sobre uma pedra, abrir o coco e derramar o líquido sobre ela, pedindo para resolver todas as dificuldades.

Quebrar o coco sobre a pedra pedindo para quebrar todos os vínculos negativos.

Acender uma vela branca e duas amarelas formando um triângulo eqüilátero (Figura 3).

Oferecer a vela branca para O Senhor do Bonfim e as velas amarelas para a Corrente dos Baianos.

Figura 3

Desimpregnação de correntes negativas na casa

Preparar uma defumação com três partes de semente de erva-doce, uma parte de canela em pau e uma parte de cravo-da-índia.

Defumar a casa do fundo para frente, utilizando um incensório ou turíbulo de barro.

Durante a defumação fazer a seguinte oração:

Defumo minha casa, meu corpo e meu espírito, caminhos e todo o lugar onde eu andar, com este defumador com que Cristo foi defumado, para perfumar seu corpo e livrar-se das cargas fluídicas de seus inimigos visíveis; assim serei livre de todos os perigos em nome da trindade: Jesus, Maria e José.

O que sobrar da defumação deve ser despachado em água corrente.

Digestão difícil

Preparar um chá com as seguintes ervas: espinheira-santa, erva-doce e boldo do Chile.

Tomar uma xícara após as refeições.

Enxaquecas (cura)

Coloque nove folhas de mangueira dentro da fronha do travesseiro.

Após nove dias, jogar em água corrente.

Evitar quebranto

Colocar um broto de hortelã num dos bolsos da roupa antes de sair de casa.

Para crianças, colocar a hortelã na roupa.

Fartura

Colocar num local reservado da casa, uma imagem benta ou cruzada de São Benedito.

Oferecer, três vezes por semana, café numa xícara branca e, em outro recipiente, um pouco de salsa.

Gravidez

Para problemas durante a gravidez ou dificuldades para engravidar, fazer uma novena para mamãe Oxum, acendendo todos os dias uma vela azul.

Íngua na virilha

Pela manhã, ao levantar da cama, em jejum, vá até a porta que dá para o fundo da casa e bata o pé para trás, normal e para frente e diga: *um, dois, três, íngua fora* (repetir mais duas vezes).

Fazer três dias seguidos.

Insônia de crianças

Amarrar dois galhos de arruda com fita branca e colocar debaixo do travesseiro da criança.

Colocar três dentes de alho num saquinho de pano branco e colocar no pé da cama da criança.

Depois de sete dias, descarregar a arruda, a fita branca e o alho em água corrente.

Limpeza energética

De manhã, encha uma jarra de vidro com água e o deixe num cantinho onde ninguém mexa, mentalizando que o líquido vai absorver todas as vibrações negativas do ambiente. À noite, jogue a água fora.

Repita o ritual diariamente e, aos domingos, acenda uma vela branca agradecendo pelas coisas positivas que aconteceram durante a semana.

Más vibrações na casa

Para evitar más vibrações na casa e manter um ambiente tranqüilo, colocar atrás da porta de entrada ou em um dos cantos da casa, um copo com água contendo três pedrinhas de sal grosso, três pedaços de carvão e três dentes de alho.

Deixar durante sete dias.

No sétimo dia, jogar tudo em água corrente.

Fazer uma defumação na casa.

Mau olhado

Contra o mau olhado, carregar três dentes de alho num saquinho branco num dos bolsos da roupa.

Uma outra possibilidade é colocar uma figa de arruda numa correntinha e usar no pescoço.

Outra alternativa é espetar dois pregos virgens numa folha da planta "comigo-ninguém-pode".

Deixar a planta atrás da porta de entrada da sua casa.

Maus fluídos

A pessoa que está com o problema (influências negativas) deve procurar uma encruzilhada de terra.

Antes de sair de casa, deixar acesa uma vela branca para o seu anjo da guarda.

Quando chegar na encruzilhada, abrir uma garrafa de aguardente.

Segurar a garrafa com a mão esquerda, pelo fundo, e girá-la ao seu redor de modo que forme um círculo, tomando cuidado para não respingar a aguardente.

No momento em que estiver fazendo o trabalho, pedir ao povo da encruzilhada que retire todas as más influências que estão atrapalhando a sua vida.

A pessoa deve sair e derramar uma parte da aguardente no círculo. Deixar a garrafa no centro do círculo.

Deixar o local.

Após esse trabalho, fazer três banhos seguidos com arruda, guiné e espada-de-são-jorge (cortada em sete pedaços).

As ervas dos banhos devem ser descarregadas na mata.

Maus fluídos na casa

Conseguir uma espada-de-são-jorge bem viçosa.

Acender uma vela vermelha atrás da porta de entrada e colocar um copo com água e sete pedrinhas de sal grosso em frente à vela.

Fazer uma oração para a Corrente dos Oguns para auxiliar no trabalho de limpeza.

Passar a espada-de-são-jorge em todos os cantos da casa, de forma a cruzar todos os cantos.

Pedir, com bastante firmeza, para a Corrente dos Oguns para cortar toda a perturbação que estiver na residência.

É importante ressalvar que todo o trabalho de limpeza deve ser feito do último cômodo até a porta da rua.

Após esse procedimento, cortar a espada em sete pedaços (com as mãos).

Envolver os pedaços em um pano branco virgem e descarregar em água corrente.

Fazer uma defumação na casa.

Moeda da sorte

Pegar um ímã e colocar nele uma moeda dourada de dez centavos.

Pingar algumas gotas do seu perfume favorito.

Soprar e colocar num saquinho azul-escuro.

Deixar iluminado com uma vela vermelha e pedir ao Exu, com o qual você tenha afinidade, para que nunca lhe falte o pão, o teto e o trabalho.

Usar num dos bolsos da roupa.

Namorado que não quer assumir

Fazer uma novena para a Corrente das Mil Virgens, acendendo todos os dias uma vela branca.

Esta novena não tem a intenção de *amarrar* o namorado e sim de fazer com que ele tome uma decisão de assumir ou desistir do namoro.

Negócios complicados

Toda as segundas-feiras oferecer café, numa xícara branca, para os Pretos-Velhos.

Pedir para descomplicar os negócios, cortando todas as influências negativas que, porventura, o estejam atrapalhando.

Em seguida passar açúcar nas palmas das mãos.

Objetos perdidos

Acender uma vela verde para o Caboclo Viramundo, pedindo para ajudar a encontrar o objeto perdido.

Perseguições

Para se livrar de perseguições dos inimigos encarnados e desencarnados proceda da seguinte maneira:

Num pedaço de papel vegetal, riscar uma estrela de cinco pontas e escrever dentro dela a seguinte oração:

Linda estrela que libertaste os magos da perseguição de Herodes, liberta-me de todas as perseguições.

Colocar em dos bolsos da roupa.

Perturbações durante o sono

Para perturbações durante o sono, proceder da seguinte maneira:

Colocar um copo com água e sete punhados de sal grosso debaixo da cama, na direção da cabeça.

Após sete dias, jogar a água com sal na rua. Repetir até completar vinte e um dias.

Colocar, junto aos pés da cama, uma cumbuca pequena de louça com uma pedra de cânfora e álcool.

Trocar a cada sete dias, até completar vinte e um dias.

Antes de dormir, tomar chá de erva-cidreira ou melissa.

Fazer a seguinte oração:

Não tenho medo de você

E nem de almas penadas

Quatro cantos tem a casa

Quatro anjos estão de guarda

Meu Jesus e São Mateus.

Problemas com almas sofredoras

Acender uma vela branca para as almas, na segunda-feira, numa capela, igreja ou terreiro.

Problemas financeiros

Oferecer toda segunda-feira café, numa xícara branca, para os Pretos-Velhos.

Ao lado do café colocar uma cumbuca pequena de louça com mel e acender uma vela amarela para a Corrente dos Baianos.

Fazer os pedidos.

Quebranto

Para cortar quebranto, fazer a seguinte oração:

Falar o nome da pessoa.

Quem te colocou quebranto?

Quem te botaria?

Quem vai te curar

É Deus e a Virgem Maria

Dos quebrantos que te botaram e te botarão.

Rezar um Pai Nosso e uma Ave Maria.

Vai por ar, vai por serra

Vai por mar que este corpinho é pobre

E não te pode sustentar
Vai para a escola de Santo Agostinho
Receber tua luz
Deixando este corpinho em paz

Quebranto constante

Colocar água para ferver numa panela pequena.

Apagar o fogo e adicionar três galhos de hortelã, três galhos de poejo, um pouco de coentro e sete colheres de açúcar.

Deixar esfriar e adicionar sete brasas de carvão dentro da panela.

A cada brasa adicionada, dizer o seguinte:

Da mesma forma que a água mata o fogo, vai matar o que esta criança tem de mal.

Depois se coa o líquido, através de um pano branco virgem, e faz-se um banho do pescoço para baixo.

O pano e tudo que nele ficar retido, deve ser jogado em água corrente, dizendo o seguinte:

Estou jogando fora todo o quebranto que esta criança possuía.

Repulsão de cargas negativas da casa

Colocar sal grosso num alguidar ou taça grande de vidro até a borda.

No centro colocar uma cabeça grande de alho.

Em volta, nas extremidades, colocar harmonicamente oito agulhas grandes, com as pontas voltadas para cima (Figura 4).

Deixar próximo da porta de entrada da casa.

Trocar o sal, a cabeça de alho e as agulhas de três em três meses.

Despachar o sal grosso e o alho na água corrente. As agulhas devem ser descartadas no lixo, embaladas de tal modo que não possam ferir alguém.

Figura 4

Soluços

Quando uma pessoa está com soluços, pergunta-se a essa pessoa:

Vamos a fonte?

Ela responde:

Vamos!

Em seguida, pergunta-se:

E o soluço onde fica?

Ela responde:

Atrás da porta!

Repetir as perguntas e as respostas várias vezes.

Talismã caseiro para atrair dinheiro

Conseguir um ímã redondo, vazado no meio (ímã de alto-falante de rádio).

Dispor ao seu redor, oito moedas douradas de dez centavos.

Na parte vazada, colocar um cristal pontiagudo, preto ou vermelho (Figura 5).

Colocar na parte da frente, um pequeno recipiente com mel.

Na parte posterior, acender uma vela vermelha de sete dias ou, se preferir, uma vela vermelha pequena.

Pedir aos Exus que abram seu caminho e nunca lhe deixem faltar o sustento.

Figura 5

Vida atrapalhada

Descarregar a casa, batendo com uma espada-de-são-jorge em todos os cantos da casa, do último cômodo até a saída.

Fazer três banhos com espada-de-são-jorge (cortada em sete pedaços), sete folhas de guiné e sete galhos de arruda.

Descarregar o resto dos banhos e a espada em água corrente.

Vitalização

Consiga uma folha grande de taioba.

Coloque três velas brancas na parte superior (Figura 6).

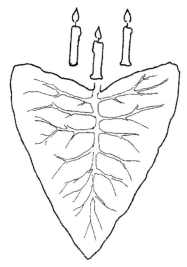

Figura 6

No centro da folha coloque uma cumbuca de louça com mel.

Na parte inferior coloque um copo com vinho tinto doce.

Em volta coloque sete frutas com as quais você tem afinidade.

Coloque varetas de incenso em volta da folha.

Sente-se em frente da folha.

Acenda o incenso.

Acenda as velas e ofereça para os Caboclos.

Peça para que os elementares da natureza possam vitalizar os seus sete corpos.

Se desejar cante pontos para os Caboclos.

Mantenha a respiração constante e permaneça em meditação por quinze minutos.

Agradeça e retire-se do local.

Este trabalho pode ser realizado na mata, no período da tarde, ou na praia no período da noite.

Antes do trabalho, faça um banho de ervas ou sal grosso.

Xixi na cama

Pegar uma peça de roupa (lençol por exemplo) que foi urinada pela criança e, antes de lavar, dar um nó e passar a peça na cabeça da criança fazendo uma cruz.

Não desmanchar o nó enquanto a criança não parar de fazer xixi na cama.

TRABALHO PARA CURA DE CRIANÇAS

Este trabalho foi orientado pelo Pai Guiné incorporado no médium Edison Cardoso de Oliveira.

Material necessário

- Um alguidar pequeno (número 1)
- Uma vela de sete dias, cor-de-rosa
- Sete rosas cor-de-rosa com cabo curto (retirar os espinhos)
- Uma fita cor-de-rosa, do tamanho da criança
- Uma fita azul, do tamanho da criança
- Um refrigerante (guaraná)
- Sete balas ou sete pirulitos
- Água de cachoeira
- Rosinhas brancas
- Hortelã
- Poejo
- Um ou dois pedaços de pano branco virgem

Procedimento

Em um local tranqüilo da casa, colocar um papel branco com o ponto riscado (Figura 7). O ponto pode também ser riscado, com pemba branca, no chão.

Em cima desse ponto colocar o alguidar.

Dentro do alguidar colocar a vela e derramar um pouco do guaraná, sem transbordar.

Observe que no ponto riscado existem sete rosas. Na direção de cada rosa riscada coloque uma rosa cor-de-rosa.

No cabo de cada rosa (flor), colocar uma bala ou um pirulito.

Em volta do trabalho colocar as fitas azul e rosa, sem amarrá-las, fechando o trabalho.

Depois de tudo pronto, acenda a vela e faça o seguinte pedido:

São Cosme e São Damião, vós que sois os médicos das crianças, trazei a cura para (nome da criança) *em nome de Deus.*

Repetir o pedido e a oração todos os dias, até acabar a vela.

Quando a vela acabar, proceder da seguinte maneira:

Retire as pétalas das rosas e as coloque numa panela com água de cachoeira que acabou de ferver (não deixar as pétalas na água com o fogo aceso).

Deixar esfriar e coar em pano virgem branco.

Guardar as pétalas.

Fazer um banho na criança da cabeça para baixo.

Com o que sobrou do trabalho, proceda da seguinte maneira:

Pique o ponto e coloque dentro da embalagem da vela. Se o ponto foi riscado no chão, limpe com um pedaço de pano branco virgem e coloque dentro da embalagem da vela.

Colocar dentro do alguidar, as balas ou pirulitos, os cabos das rosas e as pétalas usadas no banho.

Levar tudo isso a um jardim (não faça no jardim da casa), junto com o que sobrou do guaraná. Se não sobrou, compre mais um guaraná para oferecer.

Acender uma vela cor-de-rosa pequena.

Fazer uma oração de agradecimento a São Cosme e São Damião.

Nos três dias seguintes, fazer banhos na criança, do pescoço para baixo, com hortelã, poejo e rosinha branca.

Para fazer este banho, coloque água numa panela pequena e deixe ferver.

Apague o fogo e coloque as ervas.

O que sobrar do banho (as ervas) deve ser descarregado em água corrente ou num jardim.

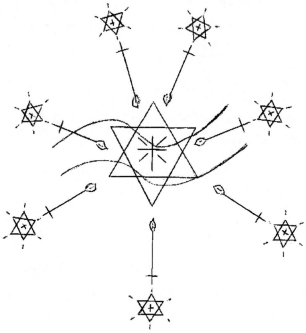

Figura 7

O USO DAS VELAS

Desde tempos imemoriais, as velas têm sido fonte de luz e símbolo de conforto para o ser humano. Em função da sua importância, o uso das velas acabou cercado de mitos e lendas.

O homem pré-histórico começou a utilizar a gordura dos animais, que ele usava para a sua alimentação, para iluminar a sua caverna. Mais tarde ele observou que no inverno, essa gordura tornava-se sólida e podia ser utilizada com o uso de um pavio. Nasceu, deste modo primitivo, o que se conhece como velas.

A caça a baleia, produzia uma quantidade enorme de gordura que passou a ser utilizada na confecção de velas, denominadas velas de espermacete. Com o rápido desenvolvimento da indústria petroquímica, a parafina, misturada com estearina, passou a ser utilizada na fabricação industrial de velas.

O uso das velas nos rituais religiosos começou quando o homem percebeu que era possível iluminar as suas cavernas. Com a sua moradia iluminada, era possível agradecer aos céus por uma boa caçada ou uma colheita farta, e até mesmo pedir auxílio, bênção ou perdão. A chama brilhando no escuro da caverna significava a própria presença de Deus, que nunca deixaria de existir no coração dos homens.

Simbolicamente, a luz sempre representou o poder do bem para a humanidade. Nos antigos mistérios da Antigüidade clássica, simbolizava a sabedoria e iluminação. A chama da vela era associada à alma imortal brilhando nas trevas do mundo. Destas crenças surgiu a prática de utilizar as velas como ritual mágico.

Todo religioso pode utilizá-las em seus rituais. A vela queimando é uma forma de ligação com um Ser Superior.

As velas têm a função de agentes focalizadores mentais e são eficientes na concentração ou mentalização. Um exemplo disto é quando sopramos as velinhas de um bolo de aniversário ou casamento e fazemos um pedido. O uso das velas comuns, geralmente brancas, nos rituais da Umbanda, é proveniente da herança que recebemos da Igreja Católica, visto que os altares católicos sempre foram iluminados por velas, destacando-se as velas de cera e chamada VELA DE QUARTA, que é confeccionada artesanalmente e que além de conter outros produtos, contém também a cera virgem de abelha, clarificada. É ideal para qualquer trabalho e muito utilizada em obrigações.

Com a popularização das Sete Linhas de Umbanda e as cores associadas aos Orixás, ocorreu uma rápida procura das velas coloridas. Este fato surgiu como uma deturpação do ritual original da Umbanda, pois na Tenda Nossa Senhora da Piedade, a primeira Tenda de Umbanda, sempre foram usadas apenas velas brancas. Nos candomblés utilizam-se apenas velas brancas.

Velas utilizadas para o culto aos Orixás e Entidades

Oxalá: vela branca. Pedidos de ordem geral.

Iansã: vela amarela. Utilizada para fazer pedidos de negócios e problemas financeiros.

Ibeji: vela cor-de-rosa. Utilizada para fazer pedidos para a saúde, proteção de crianças e harmonização.

Yemanjá e Oxum: vela azul. Utilizada para fazer pedidos para gravidez, harmonia no lar e proteção dos filhos.

Oxóssi: vela verde. Utilizada para fazer pedidos para saúde e abertura de caminhos.

Ogum: vela vermelha. Utilizada para fazer pedidos para as lutas difíceis, demandas, proteção pessoal contra os inimigos.

Xangô: vela marrom. Utilizada para fazer pedidos para justiça, negócios onde haja desonestidade, apaziguar o mau gênio das pessoas, tolerância, paciência etc.

Nanã Buruquê: vela roxa. Utilizada para fazer pedidos para abertura de caminhos, paciência, persistência etc.

Obaluaiê: vela preta e branca. Utilizada para fazer pedidos de saúde.

Pretos-Velhos: vela preta e branca. Utilizada para fazer pedidos de ordem geral, desde que não causem prejuízos a outras pessoas.

Baianos: vela amarela. Utilizada para fazer pedidos para abertura de caminhos, negócios difíceis, desentendimentos em geral.

Caboclos: idem a Oxóssi.

Crianças: idem a Ibeji.

Kaô do Oriente (São João Batista): vela cor-de-rosa. Utilizada para fazer pedidos para doenças da cabeça. Esta vela deve ser acesa dentro de um triângulo eqüilátero riscado na terra ou riscado no chão, com pemba branca.

Almas perturbadas: vela branca. Deve ser acesa numa igreja, terreiro, capela ou cruzeiro das almas e nunca em casa.

Não soprar as velas ao apagá-las

Quando acendemos uma vela para determinado Orixá ou Entidade Espiritual é necessário fazê-lo com bastante firmeza e confiança, orando e concentrando-se no pedido que será feito.

Se for necessário apagar uma vela para depois ser acesa novamente, não devemos soprá-la e sim, usar dois dedos ou um abafador.

As velas representam a Luz Universal. A energia nelas concentrada serve a um determinado fim, ou seja, a compreensão de determinadas leis. Quando um ritual ou cerimônia se completa, não extinguimos a luz no sentido de destruir ou eliminar a existência da chama de uma vela. Quando apagamos uma vela com um abafador ou com ou dedos úmidos, simplesmente alteramos sua manifestação concentrada. Fazemos com que os pontos de luz das velas se fundam na energia total da luz que existe em todas as partes. Quando a vela é soprada, fica subentendida a intenção de desintegrála, de fazer com que a luz não mais exista, mesmo em sua forma invisível e vibratória.

DEFUMAÇÕES

A defumação é um procedimento ritualístico de purificação das pessoas e dos terreiros. As defumações podem também ser utilizadas para defumar casas, eliminando os maus fluídos que eventualmente ali existam.

As defumações devem ser feitas utilizando-se os incensórios ou turíbulos de barro contendo brasas de carvão. Para defumar a casa deve-se começar do último cômodo até a saída. Antes de iniciar a defumação, deve-se riscar no chão (com pemba branca) ou em papel, uma estrela de cinco pontas. Em cima do ponto deve ser acesa uma vela vermelha, pedindo a proteção das Entidades de Ogum.

Defumação básica

Numa cumbuca de barro preparar uma mistura contendo três partes de erva-doce, uma parte de canela em pau e uma parte de cravo-da-índia. Esta é uma defumação que pode ser utilizada em qualquer circunstância, exercendo a função de desagregação e purificação.

Defumação polivalente

Numa cumbuca de barro preparar a seguinte mistura: cinco partes de alfazema, uma parte de guiné seca, uma parte de arruda seca, uma parte de incenso, uma parte de mirra, uma parte de sândalo em pó e uma parte de benjoim.

Defumação para harmonia e fartura

Fazer uma mistura, em partes iguais, de pó de café, açúcar, louro, arruda seca, alfazema, manjericão e alecrim seco.

Principais ervas e resinas utilizadas na defumação

Alecrim, mirra, benjoim, incenso, alfazema, nozmoscada, anis-estrelado, sândalo, imburana, erva-doce, canela em pau, cravo-da-índia, bagas de zimbro, arruda seca.

Todos os restos de defumação que sobram no incensório devem ser despachados em uma mata. Não é aconselhável o descarrego em água corrente pois é uma prática que agride o meio ambiente. Isto não acontece quando se despacham os restos da defumação na mata, pois serão naturalmente absorvidos pela terra.

DESCARREGOS COM PÓLVORA

O culto ao fogo surgiu na Antigüidade desde que o homem descobriu suas propriedades, iluminando as noites, aquecendo cavernas e afugentando as feras. No Egito, na Grécia ou em Roma, as vestais, sacerdotisas eram encarregadas de zelar pela chama sagrada.

Quando se queima a pólvora, procura-se combater as forças contrárias pela luz, explosão, agindo como veículo de limpeza. Além disso, a queima de pólvora provoca um brusco deslocamento de ar que atinge o corpo astral dos obsessores, afastando-os da pessoa atingida pela demanda.

Na queima de pólvora ocorre ainda um desprendimento de enxofre que, desde os tempos mais remotos é utilizado para afastar as forças negativas do mal.

O descarrego com pólvora pode ser feito de duas maneiras:

Roda de fogo

A tradicional roda de fogo deve ser feita num local de terra.

Ao sair de casa ou do terreiro para realizar o trabalho, todos os participantes devem acender uma vela para a sua entidade de guarda.

Antes de iniciar o processo, oferece-se uma ou mais garrafa de aguardente para os Exus. Acende-se uma, três ou sete velas brancas ou pretas e vermelhas e pede-se proteção para o trabalho que será realizado. Derrama-se um pouco de aguardente no local e deixa-se a garrafa aberta. Pode-se também oferecer um ou mais charutos acesos para os Exus.

Coloca-se a pessoa atingida pela demanda no local predeterminado para a roda de fogo e ela deve ser cercada por pólvora, deixando-se uma abertura para que os obsessores possam sair (Figura 8). A roda deve ser suficientemente grande para que quando a pólvora queime, não atinja a pessoa.

Canta-se um ponto para Exu e acende-se a pólvora tomando todas as precauções para que ninguém se queime. Logo após a pessoa deve sair pela abertura.

Após o trabalho deve-se lavar as mãos de todos os presentes ao trabalho com amaci, perfume ou água de cachoeira. Todos os presentes devem, ao retornar para casa, fazer um banho de ervas que deve estar pronto com antecedência.

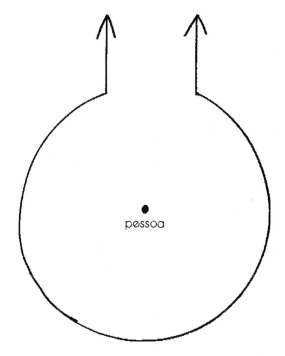

Figura 8

Bucha

Este trabalho pode ser realizado num local de terra ou no terreiro.

Antes de sair de casa, todos os participantes do trabalho deverão acender uma vela para sua entidade de guarda.

Preparar uma bucha da seguinte maneira: em cima de duas folhas de papel sulfite colocar um tubo de pólvora de boa qualidade. Fechar o papel e apertar bem fazendo uma espécie de biriba gigante.

Riscar um ponto de descarga numa tábua de madeira quadrada de 70 centímetros. Um exemplo pode ser visto na figura 9.

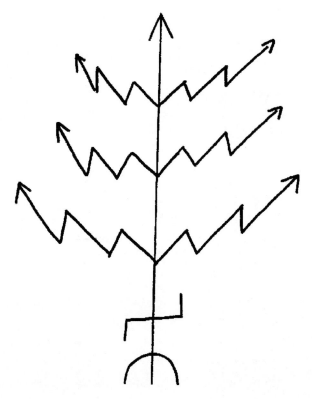

Figura 9

Em cima da tábua colocar um alguidar com algodão dentro. Embeber o algodão com um pouco de álcool.

Todos os presentes devem cantar um ponto para Exu até o final do processo.

A pessoa atingida pela demanda deve ficar a uma distância segura para não se queimar.

Abrir quatro garrafas de aguardente e colocar uma em cada canto da tábua.

Atirar um ponteiro na tábua para firmar o processo.

Com os devidos cuidados acender o algodão com álcool.

Colocar a bucha dentro e esperar explosão.

Todos os participantes deverão ficar com as mãos fechadas próximo da boca. Quando ocorrer a explosão soprar fortemente.

Se o trabalho for realizado num local de terra, derramar as quatro garrafas de aguardente em volta da tábua oferecendo para os Exus. Se for realizado no terreiro, derramar a aguardente na rua oferecendo para os Exus.

Após o término dos trabalhos lavar as mãos de todos os presentes ao trabalho com amaci, perfume ou água de cachoeira.

Ao voltar para casa, todos os participantes do trabalho deverão tomar um banho de ervas, previamente preparado.

BANHOS

Os banhos de defesa ou descarrego, assim como as defumações atuam como agentes purificadores.

Para preparar um banho procede-se da seguinte maneira:

Coloca-se água para ferver em uma panela. Apaga-se o fogo e colocam-se as ervas em infusão por 20 minutos, deixando a panela tampada. Coamse as ervas e o banho está pronto. Recomendamos colocá-lo numa garrafa plástica. Não devemos fazer uso de recipientes de vidro ou de louça para colocar o banho, pois há perigo de que ele caia e se quebre, havendo o perigo de um corte em quem está fazendo o banho.

Uma outra maneira de preparar os banhos é macerando com as mãos, as ervas na água fria.

Antes do banho de defesa ou descarrego é necessário fazer o banho tradicional de higiene para que os poros possam ficar bem abertos para receber o extrato das ervas.

Em seguida derrama-se o banho de ervas por sobre os ombros, evitando molhar a cabeça (apenas no banho com rosas brancas pode-se molhar a cabeça). Espera-se o líquido escoar pelo corpo e, depois de alguns minutos, faz-se uma vigorosa fricção com uma toalha seca.

Geralmente, recomenda-se que o banho tenha um número ímpar de ervas. Eventualmente, o banho pode conter sal grosso que é um elemento terra.

As ervas utilizadas devem ser despachadas numa mata para se degradarem e se reincorporarem a natureza.

Nos banhos de descarrego, recomenda-se colocar um pedaço de carvão sob cada pé. Esse carvão deve também ser despachado.

Banho básico de descarrego ou defesa

- Espada-de-são-jorge cortada em sete pedaços
- Sete folhas de guiné
- Sete galhos de arruda

Banhos quebra-demanda

Banho 1

- Sete folhas de guiné
- Sete folhas de pitanga
- Uma samambaia fina

Banho 2

- Sete folhas de louro
- Uma espada-de-são-jorge cortada em sete pedaços
- Sete galhos de arruda

Banho 3

- Sete folhas de samambaia do campo

Amaci de Oxalá

O amaci de Oxalá deve ser feito após o banho quebra-demanda.

Acender uma vela branca para Oxalá.

Usar pétalas de sete rosas brancas e macerá-las na água fria. (não coar).

Colocar um pano branco virgem sobre a cabeça e jogar o amaci.

Juntar as pétalas e envolvê-las no pano branco.

Levar tudo num campo e acender uma vela branca para Oxalá.

Um amaci natural é o banho de cachoeira (numa cachoeira limpa)

Banho de Obaluaiê

Este banho deve ficar pronto e ser usado quando do retorno de um funeral, velório ou hospital.

- Espada-de-são-jorge cortada em sete pedaços
- Cipó-cruz
- Manjericão
- Guiné
- Uma pitada de sal grosso

Banho de proteção para pessoas que procuram emprego

Fazer este banho durante sete dias e pedir a proteção para a Corrente dos Baianos.

Antes de cada banho, acender uma vela branca ou amarela e fazer o pedido.

- Sete galhos de arruda
- Sete folhas de pitanga
- Palha de milho verde

Banho seco

Este banho é recomendado para aquelas pessoas que se encontram debaixo de fortes cargas ou fluídos negativos. Deve ser feito antes de começar a tomar os banhos de ervas.

Estourar pipoca, sem sal ou óleo, na areia quente. Passar a pipoca por todo o corpo, inclusive a cabeça.

Recolher toda a pipoca e colocá-la num pano preto virgem.

Levar a uma mata, abrir o pano e acender uma vela para Obaluaiê pedindo que o todo o mal fique naquele lugar.

Logo após o banho seco, deve ser feito um banho de higiene para retirar qualquer vestígio de pipoca que porventura tenha sobrado no corpo.

Banho de sal grosso

O banho de sal grosso pode ser feito periodicamente (uma vez por semana, por exemplo) pois ao ser dissolvido na água, o sal forma partículas de carga positiva (cátions) e partículas de carga negativa (ânions). Essas cargas irão neutralizar o excesso de carga (positiva ou negativa) presente em nosso corpo.

Colocar sete pedrinhas de sal grosso em aproximadamente dois litros de água morna em uma garrafa plástica.

Logo após o banho de higiene, derramá-lo da cabeça para baixo.

Esperar alguns minutos e ligar novamente o chuveiro para tirar o excesso de sal aderido ao corpo.

O melhor banho de sal é aquele que tomamos no mar.

O sal grosso pode também ser substituído por bicarbonato de sódio que além de neutralizar o excesso de cargas positivas ou negativas, neutraliza também o excesso de acidez da pele.

Banhos específicos em função do signo zodiacal da pessoa

Dentro dos preceitos da Umbanda Esotérica, cada ser humano está ligado a um dos sete Orixás, em função do signo zodiacal.

Orixalá: Leão

Ogum: Áries e Escorpião

Oxóssi: Touro e Libra

Xangô: Peixes e Sagitário

Yorimá: Capricórnio e Aquário
Yori: Gêmeos e Virgem
Yemanjá: Câncer

Para cada um dos sete Orixás temos banhos de ervas específicas que devem ser preparados de acordo com as orientações anteriores. Podem ser escolhidas uma, três, cinco ou sete ervas para cada banho.

Orixalá: maracujá, arruda, levante, guiné, erva-cidreira, hortelã, alecrim, girassol e jasmim. O dia propício para este banho é domingo das 9:00 às 12:00 horas.

Ogum: romã, jurubeba, samambaia do mato, espada-de-são-jorge, lança de São Jorge, cinco folhas, tulipa e rubi. O dia propício para este banho é terça-feira das 3:00 às 6:00 horas.

Oxóssi: erva-doce, sabugueiro, gervão, malvaísco, malva cheirosa, dracena, folhas da jurema, parreira do mato e figo do mato. O dia propício para este banho é sexta-feira das 6:00 às 9:00 horas.

Xangô: folhas de limão, lírio de cachoeira, alecrim-do-campo, erva-tostão, fedegoso, manga, parreira, abacate e goiaba.

O dia propício para este banho é quinta-feira das 15:00 às 18:00 horas.

Yorimá: eucalipto, tamarindo, guiné pipiu, trombeta, alfavaca, câmara, bananeira, sete-sangrias, vassoura preta e vassoura branca.

O dia propício para este banho é sábado das 21:00 às 24:00 horas.

Yori: crisântemo (folhas e flores), manjericão, folhas de verbena, maravilha, folhas de morango, amoreira, pitanga, melão-de-são-caetano e capim-limão.

O dia propício para este banho é quarta-feira das 12:00 às 15:00 horas.

Yemanjá: pariparoba, rosas brancas, folhas de avenca, panacéia, folhas e flores de violeta, picão do mato, arruda fêmea, manacá e quitoco.

O dia propício para este banho é segunda-feira das 18:00 às 21:00 horas.

O QUE FAZER COM UM DESPACHO NA SUA PORTA?

Quem nunca viu, numa encruzilhada, no caminho para casa, numa noite escura de sexta-feira, um clarão gerado por uma ou mais velas pretas, moedas, cachaça, champanhe, cigarros, charutos, farofa e até mesmo uma galinha preta num alguidar?

Alguns simplesmente desviarão prudentemente, outros não darão a mínima importância, atribuindo aquele amontoado de coisas à ignorância das pessoas que ali deixaram aqueles objetos. Outros, no entanto, dirão respeitosamente: Laroiê! Exu!

O que poderia ser aquilo tudo?

Se for um despacho de Candomblé, é possível que seja uma sobra do sacrifício ritualístico para determinado Orixá ou um rito propiciatório para esse mesmo Orixá. Se for um despacho de Umbanda, pode ser uma oferenda propiciatória ou o começo de alguma demanda.

E se esse despacho aparecer na sua porta?

Fique tranqüilo, mas alerta!

Com certeza, alguém que não morre de amores por você, está lhe enviando um "presente" nada agradável.

O que fazer agora? Como proceder em tal situação?

Quando encontrar um despacho na sua porta deve manter a tranqüilidade.

Vejamos as orientações para se livrar do problema:

Não tocar diretamente com as mãos no despacho. Isto evita a absorção direta das vibrações negativas.

Não jogar urina, nem sal grosso, em cima do despacho, pois este procedimento irá fixar ainda mais o trabalho, já que o sal é um elemento fixador.

No caso de a pessoa em questão ser um médium preparado, deve pedir agô ao Exu que lhe assiste e pegar diretamente com as mãos e levar o despacho para uma mata, acendendo uma vela e pedindo a Exu que desagregue os efeitos negativos da "encomenda". Antes disso lave o local com bastante água e amaci.

Se a pessoa for leiga, deve chamar um médium preparado. Não sendo possível, deve envolver o despacho num pano preto, ou num saco de lixo preto.

Não tocar diretamente com as mãos. Use dois pedaços de madeira ou envolva as mãos com pano preto.

Lave o local com bastante água.

Leve tudo isso a uma mata e peça para que todo mal fique ali retido.

Na volta faça um banho com arruda, guiné e espada-de-são-jorge cortada em sete pedaços. Se não tiver as ervas, faça um banho com sal grosso.

Procure, o mais rápido possível, um terreiro para conversar com uma entidade espiritual sobre o ocorrido para que ela possa lhe orientar sobre a desimpregnação a ser feita.

PRECES E ORAÇÕES

Prece de Cáritas

DEUS, nosso Pai, que sois todo poder e bondade

Dai força àquele que passa pela provação

Dai luz àquele que procura a verdade

Pondo no coração do homem a compaixão e a caridade

Deus, dai ao viajor a estrela guia

Ao aflito a consolação; ao doente o repouso

Pai, dai ao culpado o arrependimento, ao espírito a verdade, a criança o guia, ao órfão o pai

Senhor, que a vossa bondade se estenda sobre tudo que criastes. Piedade Senhor, para aqueles que não vos conhecem, esperança para aqueles que sofrem

Que a Vossa bondade permita aos espíritos consoladores derramarem por toda parte a paz, a esperança e a fé

Deus, um raio, uma faísca do Vosso amor pode abrasar a terra

Deixa-nos beber nas fontes dessa bondade fecunda e infinita

E todas as lágrimas secarão, todas as dores se acalmarão

Um só coração, um só pensamento subirá até Vós como um grito de reconhecimento e amor.

Como Moisés sobre a montanha, nós Vos esperamos com os braços abertos

Oh! Poder... Oh! Bondade... Oh! Beleza... Oh! Perfeição

E queremos de alguma sorte alcançar a Vossa misericórdia

Deus, dai-nos a força de ajudar o progresso a fim de subirmos até Vós. Dai-nos a caridade pura

Dai-nos a fé e a razão

Dai-nos a simplicidade que fará de nossas almas, o espelho onde deve refletir a Vossa Santa e Misericordiosa imagem.

Mme. W. Krill.

Ditado pelo Espírito Cáritas.

25 de dezembro de 1873.

Oração da serenidade (Rinhold Niebuhr)

Concedei-me, Senhor
A serenidade necessária para aceitar
As coisas que não posso modificar
Coragem para modificar aquelas que posso
E sabedoria para conhecer as diferenças entre elas
Vivendo um dia de cada vez
Aceitando que as dificuldades
Constituem o caminho da paz
Aceitando como Ele aceitou
Este mundo tal como é
E não como Ele queria que fosse
Confiando que Ele
Aceitará tudo contanto que eu me entregue à Sua vontade
Para que eu seja razoavelmente feliz nesta vida
E Supremamente feliz com Ele eternamente na próxima.

Oração ao Anjo da Guarda

Antes de fazer a oração, acender uma vela branca de sete dias e colocar um copo com água na frente da vela.

Ofereço esta luz de sete dias e sete noites em louvor
ao meu Anjo da Guarda

Assim como o anjo Gabriel, guiou a Sagrada Família

Guiai-me, afastando todo mal que esteja comigo: bruxaria,
encantaria, feitiçaria, magia negra e más influências

Que todo o mal seja levado para o mar sagrado

Para que eu possa ter saúde, paz, fartura, prosperidade

E que o meu caminho esteja sempre aberto e eu seja feliz

Oração de São Francisco de Assis

Senhor! Fazei de mim um instrumento da vossa paz

Onde houver ódio, que eu leve o amor

Onde houver ofensa, que eu leve o perdão

Onde houver discórdia, que eu leve a união

Onde houver dúvidas, que eu leve a fé

Onde houver erro, que eu leve a verdade

Onde houver desespero, que eu leve a esperança

Onde houver tristeza, que eu leve a alegria

Onde houver trevas, que eu leve a luz

Oh! Mestre, fazei que eu procure mais

consolar, que ser consolado;

compreender, que ser compreendido;
amar, que ser amado.

Pois é dando que se recebe

É perdoando que se é perdoado

E é morrendo que se vive para a vida eterna

Oração de São Bento

São Bento, meu bom pai, não me recusai vossa eficaz intercessão, junto de Deus, Todo Poderoso. Abençoai minha intenção, que eu sei não vos é desagradável.

Auxiliai-me, protegei vosso filho. Não o abandoneis.

Protegei-me, São Bento, contra todos os males, contra a malícia dos maus espíritos, contra os animais perigosos, contra as criaturas sem espírito de caridade cristã, os caluniadores, os violentos, os maus.

Dai-me força e coragem, São Bento, para vencer as dificuldades da vida e ser sempre fiel aos mandamentos do Senhor, constante na fé de Nosso Senhor Jesus Cristo.

As pessoas que possuem e trazem consigo a poderosa medalha de São Bento devem, uma vez por semana, fazer esta oração ao levantar pela manhã.

Oração de Santa Rita dos impossíveis (para alcançar a graça de um pedido)

Minha Santa Rita dos impossíveis, advogada esposa querida de meu Senhor Jesus Cristo.

Vós nascestes em uma quinta-feira, fostes batizada em uma quinta-feira, crismada em uma quinta-feira, sofrestes os rigores de vosso marido em uma quinta-feira, recebestes as chagas de meu Senhor Jesus Cristo em uma quinta-feira; pelos vossos merecimentos, fazei-me agora o meu pedido **(fazer o pedido)**. Mostrastes em uma quinta-feira que também subistes ao Céu tendo descido ao inferno para livrar a alma de vosso marido, fazei-me o meu pedido também em uma quinta-feira; tende de mim compaixão e, semelhante aflição pelas angústias que também tivestes em vosso coração. Socorrei os vossos devotos que em vós confiam e só vossa proteção atendida com a presente súplica porque vós sois a minha advogada, minha esperança e toda minha consolação. Ouvi os meus rogos **(torna-se a fazer o pedido)** pelas vossas misericórdias e pelas sacratíssimas chagas de meu Senhor Jesus Cristo. Amém.

Esta oração deve ser feita às quintas-feiras.

Oração de São Jorge

Chagas abertas, sagrado todo amor e bondade, o sangue de meu Senhor Jesus Cristo no corpo meu se derrame hoje e sempre. Eu andarei vestido e armado com as armas de São Jorge, para que meus inimigos tendo pés não me alcancem, tendo mãos não me peguem, tendo olhos não me vejam e nem pensamentos eles possam ter para me fazerem mal. Armas de fogo o meu corpo não alcançarão, facas e lanças se quebrarão sem a meu corpo chegar, cordas e correntes se arrebentarão sem a meu corpo amarrar. Jesus Cristo me proteja e me defenda com o poder de sua Santa divina Graça. A Virgem Maria de Nazaré me cubra com o seu Sagrado e Divino Manto, me protegendo em todas as minhas dores e aflições, e Deus com a sua Divina Misericórdia e grande poder seja o meu defensor contra as maldades e perseguições dos meus inimigos.

Oh! Glorioso São Jorge, em nome da falange do Divino Espírito Santo, estenda-me o seu escudo e suas armas poderosas.

Oração de Santo Onofre

Meu glorioso Santo Onofre, que pela Divina Providência fostes vós santificado e hoje estais no círculo da Providência Divina, confessor das verdades, consolador dos aflitos, nas vossas portas de Roma viestes encontrar com meu Senhor Jesus Cristo e as graças pedistes três, eu vos peço quatro. Meu glorioso Santo Onofre peço-te que me façais esta esmola para eu bem passar, vós que fostes pai dos viúvos, sede também para mim, vós que fostes pai dos casados, sede também para mim. Meu glorioso Santo Onofre por meu Senhor Jesus Cristo, por sua Mãe Maria Santíssima, pelas cinco chagas de Jesus, pelas sete dores de nossa Mãe Maria Santíssima, pelas almas, santas e benditas, por todos os anjos do Céu e da Terra, peço-vos que me concedeis a graça que vou pedir **(fazer o pedido)**. Meu glorioso Santo Onofre, pela Sagrada Paixão e Morte de Nosso Senhor Jesus Cristo, pela Santa Cruz em que morreu, pelo sangue que derramou, por Santo Antonio, por São Francisco de Assis, peço-vos que impetreis estas graças que tanto necessito e espero que serei servido neste espaço de quarenta dias, ouvindo o que me disseste com vossa boca. Amém Jesus.

Fazer esta oração durante nove dias acompanhada de nove Pais-nossos, nove aves-marias e nove Glórias ao Pai.

Oração de São Raimundo (novena) para partos perigosos

Primeiro dia
São Raimundo não nascido
Advogado nos partos de perigos
Por cujos rogos Deus faz
Grandes obras e prodígios.

Pai nosso e ave-maria

Sol de Catalunha formoso
Firme amante de Maria
Sede nosso forte guia
São Raimundo glorioso.

Pai nosso e ave-maria

Segundo dia
Vossa mãe já peijada
No oitavo mês morreu
Abriu-se no dia três
O seu corpo inanimado
Tiraram-vos ensangüentado
Com dom muito precioso

Sede nosso forte guia
São Raimundo glorioso

Pai nosso e ave-maria

Terceiro dia
Seu doce nome escreveu
Em vossas mãos em um dia
Seu terno filho
E mandou-te das mercês
Ser fiel religioso
Sede nosso forte guia
São Raimundo glorioso

Pai nosso e ave-maria

Quarto dia
Cristãos cativos redimistes
Cativo sempre ficastes
Mil mulheres convertestes
A fé de Deus pregastes
Para um fim tão precioso
Sede nosso forte guia

Pai nosso e ave-maria

Quinto dia

De vossos lábios tão cândidos
Mais tentado por oito meses
Nunca malícia correu
Sofrestes tantos rigores
Mas vencestes valoroso
Sede meu forte guia
São Raimundo glorioso

Pai nosso e ave-maria

Sexto dia

Este teu pobre capelo
Foi um prêmio de Maria
Dos seus também tiveram
Coroa de maior valia
Oh! Meu santo portentoso
Sede nosso forte guia
São Raimundo glorioso

Pai nosso e ave-maria

Sétimo dia

Quando te chegou a morte
Para ti Jesus sorte

Deu-te mesmo comunhão
Só isto teu coração
Mereceu tão piedoso
Sede nosso forte guia
São Raimundo glorioso

Pai nosso e ave-maria

Oitavo dia
Ao mar, ao vento mandastes
Aos cegos também curastes
Aos mortos ressuscitastes
Aos partos sois milagroso
Sede nosso forte guia
São Raimundo glorioso

Pai nosso e ave-maria

Nono dia
Consolastes os lavradores
Com chuvas, frutas e flores
Destes vida a gente bruta
Curastes chagas, feridas e tumores
Também curastes os leprosos

Sede nosso forte guia
São Raimundo glorioso

Pai nosso e ave-maria

Remediai aos nossos danos
Oh! Raimundo poderoso,
Sede nosso forte guia

Pai nosso e ave-maria

Oração de São Pedro (orientação)

Meu glorioso Senhor São Pedro, bispo e arcebispo, vigário geral, cardeal de Roma, confessor da Virgem Maria.

Vós fostes aquele que negou a fala a Nossa Senhora.

Arrependido entrastes numa cova onde chorastes rios de sangue e ao cabo de sete anos ouvistes uma voz dizer: *Pedro, Pedro, Pedro toma as chaves da porta do céu, que são tuas.*

Assim como estas palavras foram certas e verdadeiras, mostrai-me, meu glorioso Senhor São Pedro **(fazer o pedido)** pela boca de um anjo ou de um pecador.

Rezar um Pai nosso, uma ave-maria e uma Glória ao Pai.

Oração Estrela do Céu (para pedir misericórdia Divina)

A piedosa Estrela do Céu Maria Santíssima que em seus peitos nutriu o Senhor, extinguiu a mortal peste que havia plantado o primeiro pai do gênero humano, digne-se agora a mesma Estrela impedir os influxos dos astros que por suas disposições malignas costumam ferir o povo com pestíferas chagas, atendei-nos Senhor porque o vosso filho que vos honra nada vos nega e vós Senhor Jesus Cristo salvai-nos deferindo as súplicas da vossa Mãe Virgem. Rogai por nós Santa mãe de Deus Virgem. Rogai por nós Santa Mãe de Deus para que sejamos dignos da promessa do Cristo. Deus de misericórdia, Deus de piedade. Deus de indulgência, que vos compadecendo da aflição de vosso povo, dissestes ao anjo que o feria, suspende a tua mãe pelo amor daquela Estrela Gloriosa, vossa Mãe puríssima, de cujo precioso peito recebestes o delicioso licor milagroso contra o veneno de nossos delitos, concedei-nos os auxílios da vossa garça para que sejamos com certeza livres e misericordiamente preservados de toda a peste, de todo perigo e condenação eterna por vós Jesus Cristo, Rei de glória que viveis e reinais por todos os séculos dos séculos. Amém.

Oração com arruda contra o quebranto e o mau olhado

Falar o nome da pessoa.

Deus te gerou,
Deus te criou,
Deus te livre de quem
Com maus olhos te olhou

Falar o nome da pessoa.

Com dois te botaram,
Com três eu te tiro,
Com os poderes de Deus
E da virgem Maria

Eu curo quebranto,
Olhado, olhos maus,
E olhos excomungados
E feitiçaria.

Oração com azeite e arruda contra o "mau olhado" e quebranto

Para verificar se a pessoa tem "mau olhado" procede-se da seguinte maneira:

Coloca-se água num prato branco. Reza-se e deixa-se cair três gotas de azeite na água; se o azeite se misturar completamente na água significa que a pessoa tem "mau olhado"; se o azeite, porém, não se misturar significa que a pessoa não tem "mau olhado". Se a pessoa tem "mau olhado", faz-se a seguinte oração, cruzando-a com três galhos de arruda:

Nome da pessoa:

Deus lhe fez
Deus lhe formou
E Deus desolhe

Quem mal lhe olhou...
Se for "olhado"
Ou quebranto
Ou pasmado
Ele seja atirado
Nas ondas do mar
Seja jogado
Que fique tão salvo
Como na hora
Em que foi batizado
Com os poderes de Deus
E da Virgem Maria

Rezar três ave-marias e jogar bem longe da pessoa (de preferência numa encruzilhada) os galhos de arruda.

Oração Forte (1)
(Rezar antes de dormir e ao levantar)

Com Deus eu me deito
Com Deus me levanto
Na graça de Oxalá
Que me cobre com seu Divino Manto
E se acobertado por Ele eu for
Não terei medo, nem pavor
Seja lá de quem for
E assim, pela Força e pelo Poder
Do Mistério do Sangue na Cruz
Onde padeceu Cristo Jesus
No ato de sua Paixão e Coroação
Meu corpo físico não será ferido
Nem meu sangue derramado
Nem meu corpo astral perseguido ou agredido
Nem meu corpo mental confundido ou contundido
Assim valei-me, em nome das Santas Almas do Cruzeiro Divino

O Caboclo (nome do Caboclo) e o Pai (nome do
Preto-Velho)

Que me livram de todo mal

E levantam para mim os véus que encobrem

A ira, a traição, a inveja e a demanda

E dão seu agô para que

Exu Tiriri, Exu Tranca Ruas e Dona Pomba-Gira

Possam me valer em tudo que eu faço e desfaço

E me livrem de todas as ações contundentes

Que seja por chumbo ou por aço

Oração Forte (2)

Deve ser trazida com a pessoa.

Nome da pessoa. Deus adiante e paz na guia,
encomendou-lhe a Deus e a Virgem Maria. Deu-lhe a
companhia que deu a Virgem Maria quando foi de Belém
para Jerusalém, o corpo de Cristo lhe guarde, o sangue
de Cristo lhe salve, o leite da Virgem Maria lhe conforte,
São Bartolomeu e os santos apóstolos lhe acompanhem
e lhe livrem de todo mal e do perigo, com as armas de
meu Senhor Jesus Cristo ande armado, com a espada
de São Pedro cingido, com o sangue do lado de meu
Senhor Jesus Cristo banhado para que seu corpo não

seja preso nem injuriado, nem seu sangue derramado. Os bons lhe enxerguem e os maus não lhe vejam, nem ao pé de ti cheguem. Deus lhe dê a companhia que deu a Virgem Maria quando foi de Belém para o Egito. Deus lhe guarde tão bem guardado como foi Nosso Senhor guardado no ventre de sua mãe Maria Santíssima e com a capa de Abraão andes coberto. Amém.

Oração da clarividência

Esta oração deve ser feita pelo Pai Espiritual antes de uma consulta mediúnica, jogo de búzios ou outro oráculo.

Pelas 7 chaves que abrem as 7 portas
dos 7 templos onde as Santas Almas se ajoelham em oração.

Valei-me Pai (nome do Preto-Velho), desvelando-me os véus
que velam e encobrem o destino.

Dê-me as 7 chaves, que ao abrir as 7 portas, desvelam os 7 véus
que encobrem o passado, o presente e o futuro.

Assim pelo poder da Luz, da Cruz do Senhor Jesus,

pelo canto dos 7 galos, permita-me, oh! Pai (nome do Preto-Velho),

penetrar na vida carnal e astral de (nome da pessoa),

fazendo-me desvelar o Bem e o Mal e tudo que esteja encoberto,

seja a ira, a doença, a demanda, a traição, a vingança, a inveja, a falsidade e a deslealdade.

Saravá, pois, tua Luz, tua Falange e a Santa permissão do Senhor Jesus e dos 7 Orixás.

Ago...Babalawo...Agô...

Oração para dor de barriga

Água fria
Não faça mal
A esta barriga
Nem de noite
Nem de dia
Nem ao pino do meio-dia
Nem às dez horas do dia
Por aqui passou
O filho da Virgem Maria
Perguntando o que faria

Rezar um Pai nosso e uma ave-maria.

Oração para dor de cabeça

Deus vos salve, Senhor São Marcos, Jesus e filho. Jesus e Criador. Jesus e redentor. Assim como Jesus Cristo é filho, é Criador e é Redentor, entrou na igreja, deixaste esta dor, rezai esta dor de cabeça: se for sol procure os ares, se for sereno procure as baixas. Vestiste-te com pano de linho e um jarro de água fria com os poderes da Virgem Maria.

Oração para ajustar a coluna

Assim como o padre

Veste e reveste

Sobe para o altar

Espinhela

Procura o teu lugar

Com os poderes de Deus

E da Virgem Maria

Amém.

Oração para entrar em qualquer lugar

Eu a salvo entrei; eu a salvo hei de sair, assim como meu Senhor Jesus Cristo foi salvo na pia de seu santo batismo debaixo da arca de Noé, eu me fecho com a chave de São Pedro, eu me tranco, Jesus de Nazaré, ao meu credo me encomendo, Jesus, Maria, José, a minha alma vossa é. Amém.

Oração para sair de casa

Os sinos tocaram no céu, os anjos cantaram glória, bendita seja a hora que sai pela porta afora (rezar três vezes).

Oração para viagem

Deus de misericórdia, guiai nossos passos pelo caminho da paz. Desviai-nos dos lugares da iniqüidade. Que nosso santo anjo vá em nossa companhia, para nos proteger e defender contra os perigos do corpo e da alma. Amém.

Oração para menstruação demorada

São Marcos Mateus cortando mato em campo seco, sangue tem em ti como Jesus Cristo teve em si. Sangue quente na veia como Nosso Senhor Jesus

Cristo teve na ceia. Sangue derramado como Nosso Senhor Jesus Cristo teve na hora da morte.

Prece para defumar a casa

Defumo minha casa, meu corpo e meu espírito, caminhos e todo lugar onde eu andar com este defumador com que Cristo foi defumado, para perfumar seu corpo e livrar das cargas fluídicas de seus inimigos visíveis, assim serei livre de todos os perigos em nome da trindade, Jesus, Maria e José.

Prece para o banho

Jurema, mãe de toda natureza, força de todas as forças, conjunto de harmonia, dai o poder a estas ervas para que desprenda tudo que esteja em desarmonia em meu corpo, em meu espírito e no meu caminho. Livrai-me de todas as culpas de que eu não for culpado. Amém.

Novena para Yemanjá e Senhor do Bonfim

Mãe poderosíssima, rainha das águas, dona do meu corpo que de água é formado, eu te rogo esta graça de conseguir (fazer o pedido), com todo amor e justiça, se a mim pertencer, e que seja para o meu bem ou de (falar o nome da pessoa), dá-me a luz precisa e força necessária para tudo suportar. És a mãe da natureza e em harmonia quero viver. Salvai os meus entes queridos de todos os males e perigos, visíveis e invisíveis.

Acender uma vela para o Senhor do Bonfim e fazer os pedidos; depois de conseguir a graça, levar flores com uma fita azul, onde tiver água corrente, lançar sobre a mesma e agradecer a graça recebida.

Súplica a Santo Antonio para desamarração

Meu glorioso Santo Antonio, com sua falange bendita, ajudai-me nesta jornada, para que eu possa conseguir (fazer o pedido); com o seu cordão de prata, que trás em sua cintura, amarrai o que eu desejo (fazer o pedido), até que venha em minhas mãos, sem prejudicar os meus irmãos. Mesmo com minhas necessidades, guiai-me um caminho a seguir, na vontade de Deus. Se estiver em meu caminho alguma amarração, desamarrai e o mal que nele estiver por vós seja amarrado, com a permissão do Pai, no vosso cordão de prata. Meu glorioso Santo Antonio. Amém.

Prece para fazer antes de dormir

Deus me guarde e os protetores por esta noite, que meu corpo não seja preso e nem meu espírito perdido, na imensidão do infinito, nem meu sangue derramado na mão dos meus inimigos, meu responsável protetor e anjo da guarda, zelai por mim e a todos que me rodeiam, que não seja atingido por magia de qualquer espécie e natureza.

Prece para fazer ao levantar

Deus te salve luz do dia, luz de Santa Maria, iluminai meu espírito, meus guias, para que eu seja guiado em meu caminho, em meus negócios, e por esta luz sagrada seja todo iluminado e desviadas todas as trevas que no meu caminho estiveram.

Saravá luz bendita da Virgem Maria!

Saravá meus Protetores!

Saravá meus Caboclos de Umbanda!

Amém.

Prece a São Lázaro para curar erupções cutâneas

Com a permissão de Deus, eu te livro de todas as chagas do corpo e do espírito, eu sou Lázaro, filho de Deus vivo, tive o meu corpo em chagas, chagas teve Jesus e todas foram fechadas, fechado será teu corpo para todos os males que aparecerem, estou ao lado de Cristo, Lázaro, eu sou curador, trazendo os cães que curam com sua saliva sagrada.

Súplica a São Jorge

Quem vem lá? É São Jorge, vem matar o dragão. Quem lhe ordenou? Deus, dono e construtor de todas as coisas, ordenou e deu poder de vencer. Vencestes o dragão, oh! Glorioso São Jorge vencei meus inimigos, com vossa espada sagrada e vosso cavalo branco, que nas suas patas sejam esmagados todos os males que em mim foram lançados, pelos meus irmãos visíveis e invisíveis e todas as magias serão cortadas, antes de me atingirem e vós me sirvas de escudo, meu glorioso São Jorge. Amém.

Oração dos sete Caboclos e das sete Caboclas

Creio em Deus todo poderoso. Não há quem possa mais do que Deus. Debaixo da obediência das três pessoas da Santíssima Trindade eu peço licença para comunicar-me com os espíritos dos sete Caboclos e das sete Caboclas, curadores e curadoras. Oh! almas santas benditas dos Caboclos e das Caboclas, vós fostes como eu e eu serei como vós. Oh! Almas, entrai pelo meu coração e dentro, guardai meu corpo e minha alma dos malefícios, olhos maus, azar e contrariedades que houver contra mim em minha casa e nos meus negócios. Oh! Almas dos sete Caboclos e das sete Caboclas, empatai tudo que for de embaraço na minha casa e nos meus negócios. Oh! Almas dos sete Caboclos e das sete Caboclas, empatai todos os embaraços na minha vida e nos meus negócios.

Rezar um Pai nosso e uma ave-maria.

Oração de Santo Amanso

Santo Amanso, amansador que amansou os leões bravos, amansai o coração de (falar o nome da pessoa) que vem bravo comigo, como todos os diabos. Com dois eu te vejo, com três eu te falo. Deus quer, Deus pode, Deus acaba com tuas forças; tudo quanto eu quiser. Traga amarrado de pé e mão e as cordas do coração debaixo do meu pé esquerdo e que eu faça com que tu tenhas toda a força, para mim não!

Rezar um Pai nosso e uma ave-maria.

Oração para corte de demanda

Pelo fogo que queimou
Pelo mal que quebrou
Valei-me as Santas Almas do Cruzeiro Divino
Que segurou

Pela chaga de Cristo que sangrou
Pelo poder e pelo mistério do sangue na cruz
Que do meu caminho este mal livrou
E esta demanda cortou

Prece ao Dr. Bezerra de Menezes para pedir uma cura

Antes de iniciar a prece, dizer o nome da pessoa que necessita de cura.

Nós te rogamos, Pai de infinita bondade e justiça, as graças de JESUS CRISTO, através do DR. BE-ZERRA DE MENEZES e suas legiões de companheiros.

Que eles nos assistam, Senhor, consolando os aflitos, curando os que se tornem merecedores, confortando aqueles que tiverem suas provas e expiações a passar, esclarecendo ao que desejarem conhecer e assistindo a todos quantos apelem para teu infinito amor.

Jesus, divino portador da graça e da verdade, estende tuas mãos dadivosas em socorro daqueles que te reconhecem como despenseiro fiel e prudente. Faze-o divino modelo, através de tuas legiões consoladoras, de teus santos espíritos, a fim de que a fé se eleve, a esperança aumente, a bondade se expanda e o amor triunfe sobre todas as coisas.

DR. BEZERRA DE MENEZES, apóstolo do bem e da paz, amigo dos humildes e dos enfermos, movimenta as tuas falanges amigas em benefício daqueles que sofrem de males físicos ou espirituais.

Santos espíritos, dignos obreiros do Senhor, derramai as graças e as curas sobre a humanidade sofredora, a fim de que as criaturas se tornem amigas da paz e do conhecimento, da harmonia e do perdão, semeando pelo mundo os divinos exemplos de JESUS CRISTO.

Oração com Obi

Consiga um obi (noz de cola) de boa qualidade, parta-o, ponha um pedacinho na boca e recite:

Obì ! Kômakú !

Obì ! Kômarun !

Obì ! Kômasèjó !

Obì ! Kômasòfó !

Âarín dede wa !

Pode também ser recitada em português:

(Obi, nada de morte!)

(Obi, nada de doenças!)

(Obi, nada de brigas!)

(Obi, nada de perdas!)

Entre nós!

Oração do Mar Sagrado

Mar Sagrado, Mar Sagrado

Venho te saudar

Graças venho lhe pedir

Fortuna de Deus para levar

Peço-lhe ouro para guardar

Prata para gastar

E cobre para que eu dê aos pobres

Oração para acalmar pessoas rebeldes

Santo Antonio pequenino
Do rio Jordão, laçador de burro bravo
Acalme (dizer o nome da pessoa)

Reze um credo até a parte *sentado a direita de Deus Pai.*

Só reze o restante quando a pessoa se acalmar

MACUMBINHAS E FEITIÇOS

Trabalho para afastar obsessores desencarnados
(deve ser feito pelo chefe do terreiro ou um médium preparado)

Numa tábua quadrada de 50 centímetros, riscar com pemba o seguinte ponto:

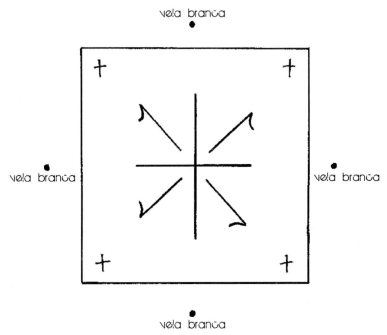

Figura 10

A cruz deve ser riscada com pemba roxa e os outros sinais com pemba branca.

Colocar quatro velas brancas em torno da tábua na direção das quatro extremidades da cruz.

Deixar uma taça com água no congá para a pessoa obsedada beber no final do trabalho.

Colocar um recipiente de metal com algodão embebido em alfazema, no centro da cruz.

Acender as velas no sentido horário.

Acender o algodão com alfazema.

Cantar um ponto para Exu e levantar a tábua na altura do peito da pessoa, pedindo para afastar os seres espirituais que estejam prejudicando aquela pessoa.

Colocar a tábua no chão, em frente da pessoa, e cantar mais alguns pontos de corte para Exu.

Em seguida, levar a pessoa até o congá e dar a água para a pessoa beber, pronunciando o seguinte: *esta é a água da renovação na força dos quatro elementos.*

Este trabalho deve ser realizado em frente da tronqueira.

Trabalho para abrir caminhos (deve ser feito pelo chefe de terreiro ou um médium preparado)

Material necessário

- Uma tábua triangular de 50 centímetros.
- Uma tábua quadrada de 50 centímetros.

- Três velas brancas
- Dois charutos
- Pimenta-da-costa (3 grãos)
- Três quartinhas pequenas
- Uma quartinha de tamanho médio
- Uma garrafa de aguardente
- Licor de cacau
- Duas folhas de papel sulfite
- Um ponteiro
- Um alguidar de barro médio
- Algodão
- Álcool
- Um tubo de pólvora
- Erva-doce seca
- Carvo-da-índia
- Canela em pau
- Alecrim seco
- Incenso

Procedimento

Colocar o triângulo de madeira em frente do congá.

A pessoa deve ficar dentro do triângulo.

Colocar as velas nas três pontas do triângulo e acender.

Cantar um ponto para Ogum.

Acender um charuto, baforar a pessoa e pronunciar a oração dos Sete Poderes:

Pelos Sete Poderes dos Exus da Umbanda

Estou cortando, quebrando e esconjurando toda a demanda, inveja e perseguições.

A pessoa sai do triângulo que é levado para frente da tronqueira.

A pessoa é colocada novamente dentro do triângulo. As velas acesas devem ser colocadas em cada vértice do triângulo.

Acender outro charuto e colocar três pimentas-da-costa na boca para mastigar.

Baforar a pessoa e pronunciar novamente a oração dos Sete Poderes, enquanto vai cuspindo a pimenta no triângulo.

A pessoa sai novamente e coloca-se as três quartinhas com aguardente em cada vértice do triângulo (em cima da tábua).

Pronunciar a seguinte oração:

Por onde você pisar, caminhos fechados não irá encontrar.

Pelos caminhos onde você andar, inimigos de frente não irá encontrar.

E na força dos Sete Poderes dos Exus da Umbanda, Exu (nome do Exu do chefe do terreiro) *vai te ajudar.*

Riscar o ponto do Exu no centro do triângulo e colocar a quartinha média contendo 2/3 de aguardente e 1/3 de licor de cacau.

Firmar o ponteiro na madeira.

Riscar numa folha de papel sulfite o seguinte ponto:

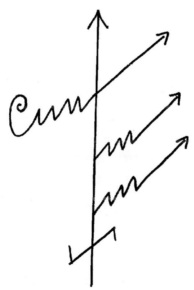

Figura 11

Colocar outra folha de papel sulfite por baixo e fazer uma bucha com um tubo de pólvora de boa qualidade (vide descarrego com pólvora). Dar a bucha conforme já foi visto anteriormente.

Fazer uma defumação na pessoa com erva-doce, cravo-da-índia e canela em pau, alecrim seco e incenso. Pronunciar a seguinte oração:

Pelo equilíbrio dos opostos, você (nome da pessoa) *estará guardado, escudado, livre e desembaraçado para encontrar o seu caminho e desembaraçado para encontrar o seu caminho de luz, saúde e sucesso.*

No final do trabalho, a pessoa deve escrever tudo o que precisa num papel (falar o pedido enquanto escreve) e deixar embaixo da quartinha que está no centro do triângulo.

Trabalho para amansar a língua de faladores
(pode ser feito por qualquer pessoa)

Material necessário

- Uma cumbuca de louça branca
- Sete chupetas azuis

- Quatro velas brancas
- Um prato de papelão prateado (de festa) grande
- Balas de coco (de festa)
- Uma folha de papel sulfite
- Refrigerante

Procedimento

Riscar uma estrela de seis pontas no papel sulfite.

Escrever o nome da pessoa que deve ter a língua amansada em um pequeno papel e colocar no centro da estrela.

Colocar balas de coco na cumbuca até a boca.

Colocar as chupetas, com o bico em contato com as balas. Seis ao redor da cumbuca e uma no centro.

Colocar a cumbuca no centro da estrela.

Acender quatro velas brancas, uma em cada ponto cardeal (utilizar uma bússola para localizar os pontos cardeais) (Figura 12).

Pedir às crianças espirituais para amansar a língua da pessoa (falar o nome) e que ela não fale mais da vida alheia.

Quando as velas terminarem de queimar, levar os resíduos e as balas a um jardim.

Oferecer um refrigerante e agradecer às crianças pelo trabalho.

Guardar as chupetas para futuros trabalhos.

Figura 12

Trabalho para corte de demanda (deve ser feito pelo chefe do terreiro ou um médium preparado)

Este trabalho só deve ser realizado quando realmente houver certeza sobre a pessoa que está enviando a demanda.

Escrever o nome da pessoa que está enviando a demanda num papel.

Pregar o papel, com sete pregos, numa madeira quadrada de 30 centímetros.

Fazer um círculo com sal grosso, em torno do nome.

Fazer outro círculo, em volta do círculo de sal grosso, com ferro em pó.

Acender uma vela vermelha.

Pronunciar a seguinte oração:

Você mexeu com quem não podia e não devia. Agora você vai tremer e esta demanda eu vou vencer.

Quando a vela terminar de queimar, jogar os resíduos, o sal, o ferro e os pregos no lixo.

Trabalho contra perseguições (deve ser feito pelo chefe do terreiro ou um médium preparado)

Primeira parte

Numa madeira quadrada de 50 centímetros, riscar com uma pemba branca uma estrela de cinco pontas, circundada por um círculo.

Cobrir o contorno da estrela e do círculo com sal grosso.

Colocar a pessoa em cima da estrela.

Acender quatro velas brancas em cada lado (fora da madeira).

Pronunciar a seguinte oração:

Você está guardado, livre e desembaraçado. Seus corpos físico, mental e astral não mais serão perseguidos.

O resíduo das velas deve ser despachado em água corrente.

Segunda parte

Escrever o nome do perseguidor em pequeno papel e colocá-lo no centro de um pratinho de barro.

Emborcar um copo em cima do nome.

Cercar o copo com pó de ferro.

Entregar para Exu Giramundo.

Após sete dias, despachar o papel com o nome e o pó de ferro em água corrente.

Trabalho atrativo do amor (pode ser feito por qualquer pessoa)

Material necessário

- Uma tábua quadrada de 50 centímetros
- Duas taças de vidro
- Um vaso para flores
- Quatro velas brancas
- Um alguidar pequeno 01
- Dois alguidares pequenos 00
- Oito moedas douradas de 10 centavos
- Um champanhe rosê
- Licor de aniz
- Água
- Sete bombons com licor
- Sete rosas vermelhas
- Três cigarrilhas
- Uma romã
- Uma ameixa vermelha
- Uma pêra
- Uma maçã vermelha
- Sete cerejas ou um cacho de uvas vermelhas

Montar o trabalho de acordo com a figura 13. Dispor as moedas dentro da tábua de acordo com a sua intuição.

Pedir para a Senhora Pombagira atrair para o seu convívio uma pessoa de boa índole e que possa lhe trazer amor e alegria.

Deixar o trabalho montado durante sete dias.

Levar o resíduo das velas, as cigarrilhas, os bombons, as frutas e as flores para uma mata.

Despejar os líquidos na terra.

Guardar as moedas, a tábua, as taças e o vaso para futuros trabalhos.

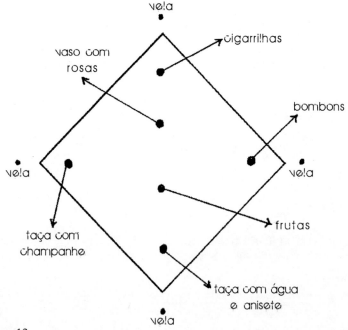

Figura 13

Trabalho para cura de erupções cutâneas (deve ser feito pelo chefe do terreiro ou um médium preparado)

Colocar num alguidar médio, pipocas estouradas no azeite-de-dendê (prencher o alguidar).

Colocar no meio das pipocas uma vela roxa.

Colocar a pessoa em frente da tronqueira e o alguidar em frente da pessoa.

Acender a vela e cantar um ponto para os Exus das Almas (Figura 14).

Pedir para secar todas as erupções.

Deixar a pessoa no local durante dez minutos.

No dia seguinte, despachar o alguidar com a pipoca numa mata.

Figura 14